ROSAS

GUIA PRÁTICO

A Editora Nobel tem como objetivo publicar obras com qualidade editorial e gráfica, consistência de informações, confiabilidade de tradução, clareza de texto, impressão, acabamento e papel adequados. Para que você, nosso leitor, possa expressar suas sugestões, dúvidas, críticas e eventuais reclamações, a Nobel mantém aberto um canal de comunicação.

Entre em contato com:
Central Nobel de Atendimento ao Consumidor
Fone: (011) 876-2822 ramais 259/262 Fax: (011) 876-6988
End.: Rua da Balsa, 559 - Sao Paulo - CEP 02910-000
Internet: www.livrarianobel.com.br

ROSAS

GUIA PRÁTICO

Nobel

Um livro da QUANTUM BOOKS LTD.
6 Blundell Street Londres n.7 9BH

Projeto: Rebecca Kingsley
Editoria: Judith Millidge
Arte: David Manson, Andy McColm, Maggie Manson

Publicado originalmente sob o título
Roses — A Pocket Companion

© 1998 Quantum Books Ltd.
© 1998 Livraria Nobel

Direitos desta edição reservados à
Livraria Nobel S.A.
Rua da Balsa, 559, São Paulo, SP, 02910-000
Fone: (011) 876-2822 Fax: (011) 876-6988
e-mail: ednobel@nutecnet.com.br

Coordenação editorial: Mirna Gleich
Assistência editorial: M. Elisa Bifano
Tradução: Edite Sciulli
Revisão técnica: Yone K. F. Hein
Preparação de texto: Regina Fernandes
Revisão: Maria Aparecida Amaral
Produção gráfica: Mirian Cunha
Composição: CompLaser Studio Gráfico
Impressão: Star Standart Industries (Pte) Ltd.

Dados Internacionais de Catalogação na Publicação (CIP)
(Câmara Brasileira do Livro, SP, Brasil)

Rosas: guia prático/tradução Edite Sciulli. — São Paulo: Nobel, 1998.

Título original: Roses. — A Pocket Companion
ISBN 85-213-1029-3

1. Rosas 2. Rosas — Cultura 3. Rosas — Espécies

98-2262   CDD-635.93337

Índice para catálogo sistemático:
1. Rosas: Cultura: Floricultura: Agricultura 635.93337

É PROIBIDA A REPRODUÇÃO

Nenhuma parte desta obra poderá ser reproduzida, copiada, transcrita ou mesmo transmitida por meios eletrônicos ou gravações, sem a permissão, por escrito, do editor. Os infratores serão punidos pela Lei n° 5.988, de 14 de dezembro de 1973, artigos 122-130.

Impresso em Cingapura / Printed in Singapore

Sumário

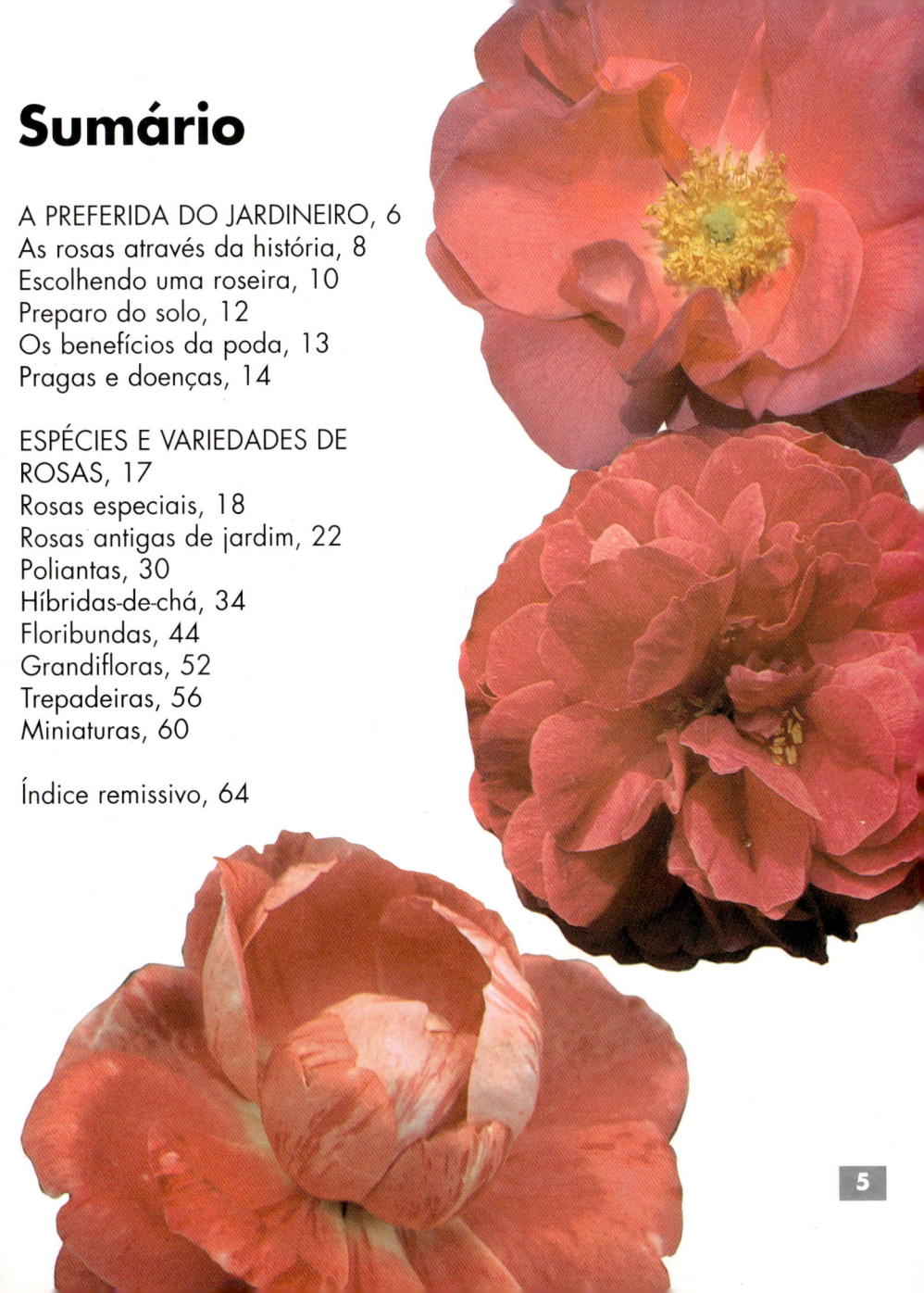

A PREFERIDA DO JARDINEIRO, 6
As rosas através da história, 8
Escolhendo uma roseira, 10
Preparo do solo, 12
Os benefícios da poda, 13
Pragas e doenças, 14

ESPÉCIES E VARIEDADES DE ROSAS, 17
Rosas especiais, 18
Rosas antigas de jardim, 22
Poliantas, 30
Híbridas-de-chá, 34
Floribundas, 44
Grandifloras, 52
Trepadeiras, 56
Miniaturas, 60

Índice remissivo, 64

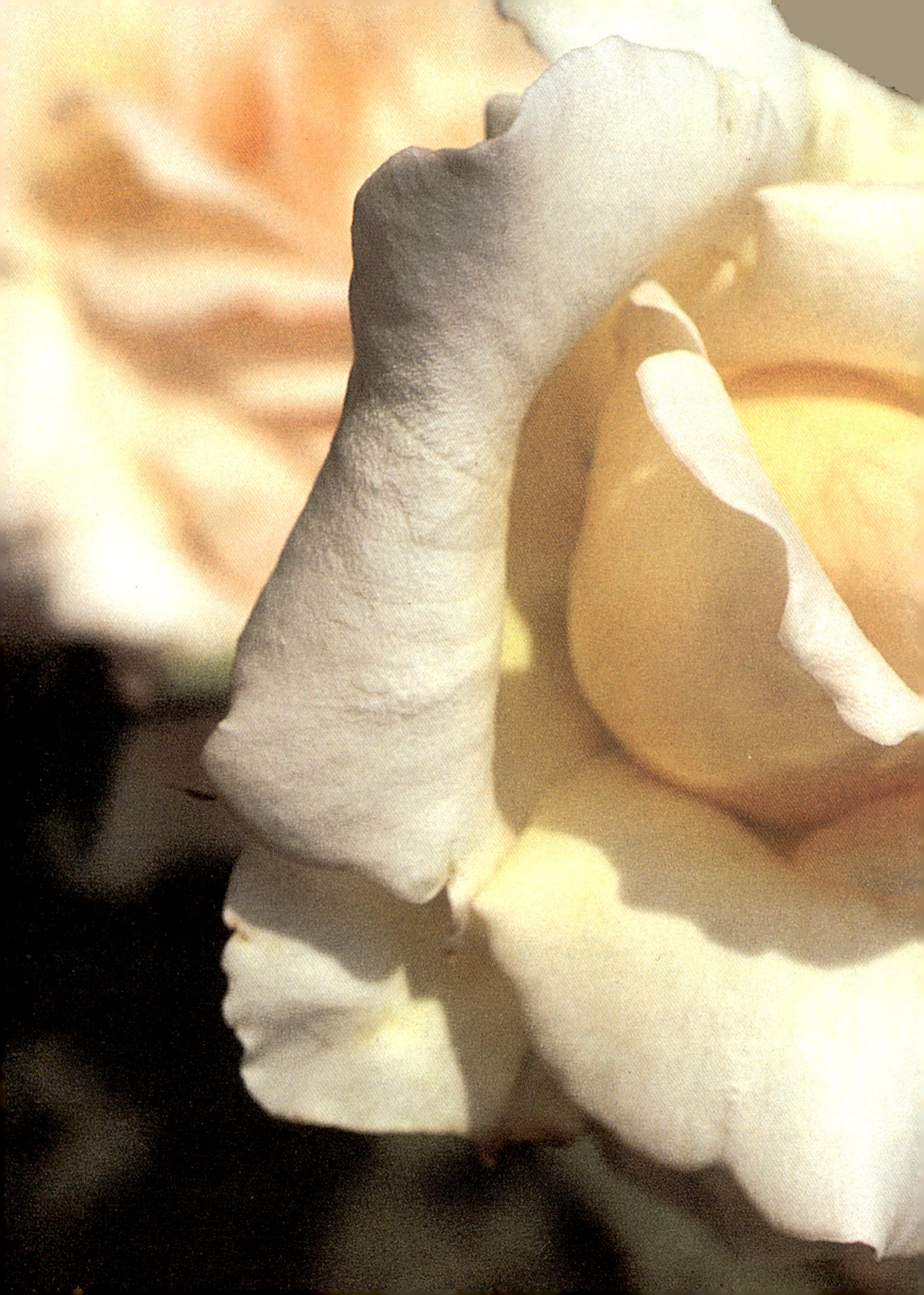

A PREFERIDA DO JARDINEIRO

As rosas encontram-se entre as flores mais antigas e reverenciadas. Há evidências fósseis que indicam que as rosas estão na Terra há mais de 40 milhões de anos, certamente antes dos seres humanos. No entanto, pessoas e rosas formaram um elo duradouro há muito tempo.

As rosas através da história

A rosa sempre foi um estímulo à criatividade humana. Em toda a história, essa inspiração pode ser testemunhada pela influência que as rosas trouxeram a várias civilizações diferentes — antigas e modernas.

ROSAS ROMANAS

Os romanos cultivavam rosas por sua beleza e aroma, usando-as para perfumar o banho. Suas mulheres acreditavam que as rosas não só as faziam cheirar bem, como também possuíam poderes de cura e rejuvenescimento, usando sua essência na pele.

AS ROSAS NAS ARTES

As rosas serviram de inspiração para muitas formas de arte. A rosa foi representada na arquitetura das antigas Assíria e Babilônia. Sua forma também foi a base para as grandes rosetas que enfeitam as igrejas e catedrais em toda a Europa.

Esquerda. A grande roseta na Catedral de Chartres, na França.

Acima. Rosa damascena versicolor — A rosa Tudor da Inglaterra.

A ROSA NA POLÍTICA

Na Guerra das Rosas, pelo trono da Inglaterra, de 1455 a 1485, a Casa de York, representada por uma rosa branca, travou uma luta contra a Casa de Lancaster, representada por uma rosa vermelha. A paz finalmente chegou e as duas casas uniram-se quando Elizabeth de York casou com Henry Tudor, de Lancaster. A rosa Tudor, também conhecida como rosa de York e Lancaster, tornou-se então o emblema da Inglaterra.

O SIMBOLISMO DAS ROSAS

COR	SENTIMENTO
Vermelha	Amor
Rosa-escura	Gratidão
Rosa-clara	Simpatia
Branca	Humildade
Amarela	Alegria
Laranja	Desejo
Vermelho-amarelada	Jovialidade
Tons pálidos	Amizade

A PREFERIDA DO JARDINEIRO

Escolhendo uma roseira

Cultivadas aos milhares atualmente, a dúvida não está em comprar ou não roseiras, mas sim em qual escolher. Considerando-se a grande variedade disponível, parece impossível tomar tal decisão. Cheque as espécies e variedades (p. 16) para poder escolher a melhor roseira.

CLASSIFICAÇÃO DAS ROSAS

Não economize, compre o melhor que puder. Ao adquirir uma roseira, é importante verificar sua classificação, que pode ser encontrada em catálogos ou na planta. Todas são classificadas com base no tamanho e crescimento quando embaladas, com as raízes à mostra ou cultivadas num vaso. As mais bem classificadas geralmente são plantas de dois anos criadas em canteiros com pelo menos três caules fortes. Rosas de classificação média são mais jovens e menos fortes, mas, com paciência, podem tornar-se bons espécimes. As de classificação inferior precisam de muito tempo e atenção para tornarem-se plantas de qualidade. Elas, porém, são úteis em plantações de grupo, plantas de fundo ou cercas e são as mais baratas.

ROSAS PARA O JARDINEIRO INICIANTE

- 'America'
- 'Bewitched'
- 'Charlotte Armstrong'
- 'Cinderella'
- 'Europeana'
- 'Fragrant Cloud'
- 'Futura'
- 'Green Ice'
- 'Mister Lincoln'
- 'Pink Parfait'
- 'Queen Elizabeth'
- 'Rise 'n' Shine'
- 'Shreveport'
- 'The Fairy'

Essas variedades são algumas das mais fáceis de cultivar e são ideais para o jardineiro inexperiente.

Acima. Para inspirar-se, visite o jardim botânico local. Uma pérgula de rosas como essa pode ser reproduzida em escala menor no jardim de casa.

COM RAÍZES EXPOSTAS

A maior parte das plantas compradas por reembolso postal são rosas não-envasadas e em estado de dormência. São armazenadas em local frio e enviadas prontas para o plantio. Rosas não-envasadas também podem ser adquiridas em algumas lojas de jardinagem no início da primavera.

Lembre-se! Rosas com raízes expostas devem estar em hibernação. Não podem ter brotos novos.

CULTIVADAS EM VASOS

Rosas envasadas são vendidas em lojas de jardinagem e até em supermercados. Rosas miniatura podem ser encontradas todo o ano, enquanto que outras variedades apenas estão à venda durante a estação de crescimento. A diversidade de mudas envasadas é limitada, e, muitas vezes, são mais caras.

Lembre-se! Essas rosas precisam ser transplantadas para o jardim.

A PREFERIDA DO JARDINEIRO

Preparo do solo

O solo é a fonte mais importante de alimento e água para a rosa. Dedique tempo para escolher o local adequado e prepare bem o solo antes do plantio. Mesmo roseiras excelentes não progridem em solo pobre, mas até roseiras de má qualidade florescem em solo rico.

MELHORANDO O SOLO

Quase todos os solos se beneficiam com a adição de matéria orgânica. Revolva a terra, desmanchando torrões grandes. Para cada 10 m^2 coloque cerca de 2 kg de superfosfato e 5-7 kg de esterco curtido ou composto orgânico.

ACIDEZ E ALCALINIDADE

O solo com pH 6,0-6,5 ou ligeiramente ácido é o ideal para o cultivo de rosas. O pH é uma medida numérica de acidez ou alcalinidade, sendo que 0 é o mais ácido, 14, o mais alcalino e 7, neutro. Kits simples para medir o pH são encontrados em lojas de jardinagem.

DICAS

Se seu solo é muito ácido ou alcalino, você pode corrigi-lo da seguinte forma:

- Ácido — pH 5 ou menos. Adicione calcário granulado para torná-lo mais alcalino.
- Alcalino — pH 8 ou mais. Adicione sulfato de alumínio para aumentar o nível de acidez.

Os benefícios da poda

A poda muitas vezes é uma experiência intimidante. Quase todas as rosas, porém, não só se beneficiam da poda, florescendo mais, como também livram-se do emaranhado de caules e espinhos.

FERRAMENTAS NECESSÁRIAS

A poda retira caules secos ou doentes e estimula o surgimento de novos brotos. É importante ter as ferramentas adequadas. Tesouras de poda são usadas em caules com mais de 1 cm de diâmetro. Desbastadores de cabo longo servem para caules de até 2,5 cm de diâmetro e um serrote de dentes finos para caules maiores.

COMO PODAR

A maioria dos cortes é feita num ângulo de 45°. É melhor fazê-los imediatamente acima de um broto externo (não mais de 1 cm), o que estimula o crescimento para fora. Para assegurar um corte perfeito, coloque a lâmina na parte inferior do caule.

Abaixo. *Antes e depois da poda.*

Pragas e doenças

Todo cultivador de rosas procura criar exemplares saudáveis e livres de pragas. Esta seção irá ajudá-lo a evitar, identificar e tratar algumas das pragas e doenças mais comuns entre as roseiras.

PULGÕES
Pequenos insetos sugadores nos brotos ou novos rebentos.
Tratamento. Água com sabão, inseticidas à base de deltametrina ou de malathion.

LAGARTAS
Os danos vão de pequenos buracos à destruição das folhas.
Tratamento. Remova as lagartas, ou trate com inseticidas.

BESOUROS
Sua presença é notada pelos furos nas folhas, e o inseto pode ser encontrado comendo a flor.
Tratamento. Inseticidas à base de piretróides, carbaryl ou malathion.

ÁCAROS
Aranhas microscópicas que deixam as folhas amarelas e depois marrons.
Tratamento. Borrife ambos os lados das lhas com acaricida à base de dimetoato

PINTA PRETA
Doença fúngica que aparece como pequenos pontos pretos nas folhas, tornando-as amareladas e derrubando-as. Rosas amarelas são mais suscetíveis.
Tratamento. A doença se propaga sob umidade: regue apenas o solo. Remova e destrua as folhas infectadas. Controle com fungicida.

MÍLDIO
As folhas, novos rebentos e brotos parecem cinzentos ou cobertos de um pó branco. O míldio ocorre quando dias quentes são seguidos de noites frias.
Tratamento. Corte e destrua as partes afetadas. Trate com fungicida à base de enxofre ou benomyl.

ROSAS RESISTENTES A DOENÇAS

- 'Aquarius'
- 'Bonica'
- 'Carousel'
- 'Cathedral'
- 'Chicago Peace'
- 'Confidence'
- 'Europeana'
- 'Fragrant Cloud'
- 'Mister Lincoln'
- 'Pascali'
- 'Queen Elizabeth'
- 'Rose Parade'
- 'Tropicana'

VÍRUS
Listras ou pontos amarelos nas folhas que aparecem no início da estação indicam infecção viral.
Tratamento. Caso suspeite de um vírus, remova a planta e destrua-a. Novas roseiras devem ser plantadas longe da área afetada. Não há tratamentos químicos apropriados.

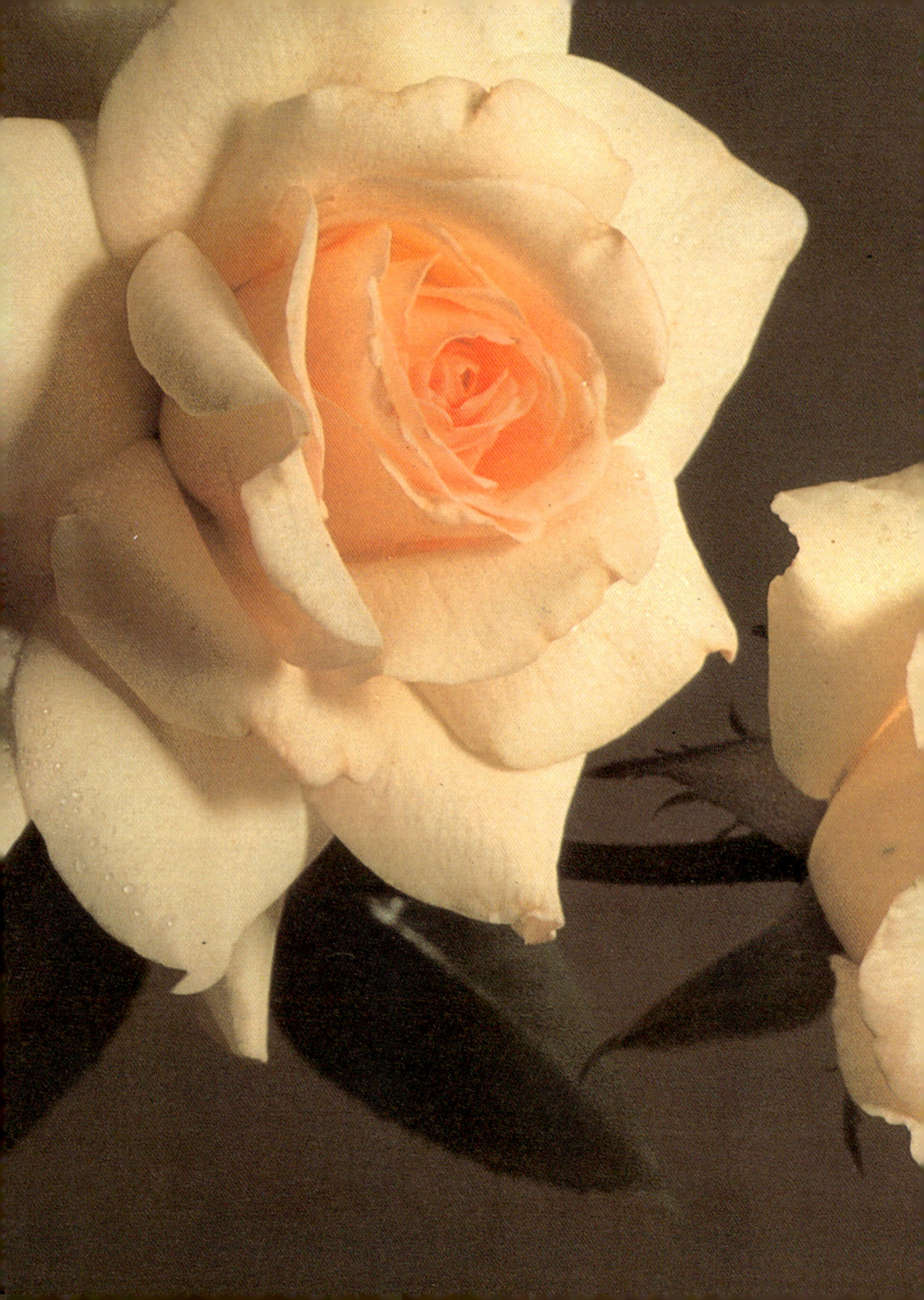

ESPÉCIES E VARIEDADES DE ROSAS

Índice dos símbolos

Tamanho. Tamanho da flor em cm.

Singela. 5-11 pétalas

Semidobrada. 12-13 pétalas

Dobrada. 24-50 pétalas

Bem-dobrada. Mais de 50 pétalas

Resistente a doenças.

Resistente ao frio.

Precisa de proteção no inverno.

EM TODO O LIVRO
O nome científico das espécies ou variedades (entre aspas) é apresentado primeiro, seguido da sinonímia ou do nome popular.

ROSA BANKSIAE

Apresentada pela primeira vez em 1824, esta rosa vigorosa e levemente perfumada recebeu o nome da esposa do diretor do Kew Gardens, perto de Londres. Esta rosa é especialmente notável quando presa a arcos largos ou pilares altos.

Nome popular Lady Banks'Rose.
Tamanho da flor 4 cm.
Tipo da flor Dobrada em cachos.
Cor Amarela ('Lutea') e branca ('Alba Plena').
Altura 7,5 m.
Floração Final da primavera até início do verão.

ROSA CHINENSIS VIRIDIFLORA

Esta rosa bastante incomum foi introduzida antes de 1845. As pétalas tornaram-se sépalas, dando origem ao nome popular — Green Rose (Rosa verde). É um bom arbusto para vasos.

Nome popular Green Rose.
Tamanho da flor 6 cm.
Tipo da flor Dobrada.
Cor Sépalas verdes.
Altura 1,2 m.
Floração Contínua.

ROSA EGLANTERIA

Também conhecida como 'Shakespeare's Eglantine', esta roseira foi introduzida antes de 1551. As flores rosa-claras têm um verdadeiro perfume de rosas, crescem em cachos e são seguidas por frutos ovais vermelho-vivo. Suscetível a galhas.

Nomes populares Eglantine Rose, Sweet Briar.
Tamanho da flor 4 cm.
Tipo da flor Singela.
Cor Rosa seguida de frutos vermelhos.
Altura 2,4 — 3 m.
Floração Final da primavera até início do verão.

ROSA MULTIFLORA

Introduzida antes de 1868, esta rosa é antecessora de várias poliantas e floribundas. Produz flores em grandes cachos e com um aroma semelhante a mel. Usada para formar cercas vivas, cresce como erva ruderal em alguns locais.

Sinonímia Não há.
Tamanho da flor 1 cm.
Tipo da flor Singela em grandes cachos.
Cor Branca.
Altura 2 — 3,5 m.
Floração Início a meados do verão.

rosas especiais

ROSA POMIFERA

Introduzida em 1771, seu nome comum de 'apple rose' refere-se mais aos frutos do que ao perfume. Suas flores são singelas, cor-de-rosa, com pétalas ligeiramente enrugadas e as folhas são verde-azuladas.

Nome popular Apple Rose.
Tamanho da flor 5 cm.
Tipo da flor Singela com pétalas enrugadas.
Cor Cor-de-rosa.
Altura 2,1 m.
Floração Primavera.

ROSA RUGOSA

Nativa da Ásia, esta rosa aclimatou-se no nordeste dos Estados Unidos. As flores são muito perfumadas. Uma boa planta para cercas vivas, é resistente e confere um perfume incomum ao jardim.

Nomes populares Japanese Rose, Ramanas Rose, Rugosa Rose.
Tamanho da flor 10 cm.
Tipo da flor Singela, perfumada, enrugada.
Cor Carmim.
Altura 1,5 m.
Floração Contínua.

ROSA SERICEA PTERACANTHA

Uma rosa de aparência incomum devido aos espinhos rubros grandes, translúcidos e triangulares. Em caules de um ano há vários espinhos minúsculos e rubros, enquanto que em caules mais velhos eles ficam marrons-acinzentados.

Nome popular Wingthorn Rose.
Tamanho da flor 4 cm.
Tipo da flor Singela.
Cor Espinhos rubros, cinzentos em caules velhos.
Altura 2,5m.
Floração Verão.

ROSA SPINOSISSIMA

Cultivada antes de 1600, esta é uma rosa bastante precoce que se espalha formando um arbusto. Uma das características desta roseira são os notáveis pequenos frutos redondos, roxo-escuros ou pretos, que surgem após a floração.

Nomes populares Burnet Rose, Scotch Rose.
Tamanho da flor 5 cm.
Tipo da flor Singela.
Cor Branca a amarela-clara/rosa, malva-escura e púrpura.
Altura 90 cm.
Floração Início do verão.

ROSA GALLICA OFFICINALIS

Esta rosa antiga tem sido popular há séculos. É usada como planta medicinal e como cura-tudo. As plantas lançam rebentos livremente, de modo que podem se transformar numa moita baixa em poucos anos.

Subgrupo Gallica.
Nomes populares Apothecary's Rose, Red Rose of Lancaster.
Tamanho da flor 11,5 cm.
Tipo da flor Semidobrada.
Cor Carmim com um matiz púrpura.
Altura 1,2 m.
Floração Verão.

'TUSCANY SUPERB'

Esta rosa tem uma fragrância suave e é uma planta compacta com flores semidobradas. As folhas são ásperas e verde-escuras. É resistente a doenças e ao frio.

Subgrupo Gallica.
Nome popular Rosa-veludo.
Tamanho da flor 10 cm.
Tipo da flor Semidobrada.
Cor Carmim/castanho-avermelhada.
Altura 1,2 m.
Floração Verão.

ROSA DAMASCENA SEMPERFLORENS

Esta rosa perfumada é muito antiga e é a verdadeira rosa-damasco Resiste ao inverno, mas desenvolve-se melhor em locais quentes.

Subgrupo Damascena.
Nomes populares Rose des Quatre Saisons, Rose of Castile.
Tamanho da flor 9 cm.
Tipo da flor Dobrada e muito perfumada.
Cor Rosa-escura.
Altura 1,2 m.
Floração Início do verão a meados do outono.

ROSA DAMASCENA VERSICOLOR

Uma rosa muito antiga, remontando a 1551, tem algumas pétalas brancas e rosa, sendo que a quantidade varia de uma flor a outra. É uma roseira arbustiva que precisa de atenção para vicejar. Resistente a doenças e bastante perfumada.

Subgrupo Damascena.
Nomes populares York e Lancaster, Tudor.
Tamanho da flor 7,5 cm.
Tipo da flor Dobrada.
Cor Branca, rosa ou uma mistura de ambas.
Altura 1,2 m.
Floração No verão.

'PINK LEDA'

Introduzida antes de 1844, esta rosa tende a pender os caules se não tiver apoio. Fica melhor em uma treliça baixa, mostrando suas folhas verde-acinzentadas. É semelhante à "Leda", mas esta possui flores brancas com extremidades vermelhas e é conhecida como 'Painted Damask'.

Subgrupo Damascena.
Sinonímia Não há.
Tamanho da flor 7,5 cm.
Tipo da flor Duplamente dobrada, em forma de roseta.
Cor Rosa.
Altura 90 cm.
Floração Verão.

ROSA x ALBA

Uma das mais antigas roseiras de jardim, tem flores semidobradas brancas ou rosa-claras no início do verão. Trata-se de um arbusto vigoroso e espinhento.

Subgrupo Alba.
Nome popular White Rose of York.
Tamanho da flor 7,5 cm.
Tipo da flor Semidobrada.
Cor Branca ou rosa-clara.
Altura 2,4 m.
Floração Início do verão.

'FELICITE PARMENTIER'

Este arbusto foi introduzido em 1836. De forma compacta e ereta. Flores rosa-pálidas densamente dobradas, refletem luz. A folhagem é menos verde que a de outras rosas alba, com tons acinzentados.

Subgrupo Alba.
Sinonímia Não há.
Tamanho da flor 6 cm.
Tipo da flor Dobrada.
Cor Branca a salmão-clara no centro.
Altura 1,2 m.
Floração Início do verão.

ROSA CENTIFOLIA MUSCOSA

Esta antiga rosa foi introduzida em 1696, é perfumada e possui muitas pétalas densamente agrupadas. Uma planta resistente e vigorosa, possui caules escandentes e folhas verde-escuras e esparsas. Suscetível ao míldio.

Subgrupo Musgoso.
Nomes populares Common Moss, Communis, Old Pink Moss.
Tamanho da flor 7,5 cm.
Tipo da flor Dobrada com sépalas franjadas.
Cor Rosa-clara.
Altura 1,8 m.
Floração Verão.

ROSAS ANTIGAS DE JARDIM

'WILLIAM LOBB'

Introduzida em 1855, os botões florais desta rosa centifólia têm aparência musgosa e um forte aroma de pinho. As flores perfumadas perdem dos ramos espinhosos deste arbusto alto, que fica melhor apoiado num pilar.

Subgrupo Musgoso.
Sinonímias 'Duchesse d'Istrie', Old Velvet Moss.
Tamanho da flor 7,5 cm.
Tipo da flor Semidobrada.
Cor Carmim.
Altura 2,4 m.
Floração Verão.

ROSA CENTIFOLIA CRISTATA

Não é realmente uma rosa da subclasse musgo, mas tem uma franja de aspecto musgoso nas margens das sépalas. Foi introduzida em 1827 e ainda é popular por seus botões singulares e flores dobradas rosadas.

Subgrupo Centifólia.
Nome popular Crested Moss Rose.
Tamanho da flor 5 cm.
Tipo da flor Duplamente dobrada.
Cor Rosada.
Altura 1,5 – 2,1 m.
Floração Verão.

'VIERGE DE CLERY'

Introduzida em 1888, esta rosa-de-cem-folhas tem botões vermelhos que, ao abrir, tornam-se flores brancas e perfumadas, muitas vezes matizadas de vermelho na extremidade de algumas pétalas externas.

Subgrupo Centifólia.
Sinonímia Não há.
Tamanho da flor 7,5 cm.
Tipo da flor Dobrada.
Cor Branca.
Altura 1,5 m.
Floração Final do verão.

'CATHERINE MERMET'

Introduzida em 1869, esta rosa-chá é uma planta ereta e vigorosa com tendência a se espalhar. Não suporta bem o inverno, mesmo com proteção, mas é resistente a doenças.

Subgrupo Rosa-chá.
Sinonímia Não há.
Tamanho da flor 7,5 cm.
Tipo da flor Dobrada.
Cor Bege-rosada.
Altura 90—120 cm.
Floração Contínua.

'COMMANDANT BEAUREPAIRE'

Uma rosa muito vistosa, introduzida em 1874, possui pintas e listras multicoloridas em pétalas rosa-escuras. É uma planta vigorosa e perfumada que não repete a floração. É forte e resistente a doenças.

Subgrupo Bourbon.
Sinonímia R. 'Panachée d'Angers'.
Tamanho da flor 9 cm.
Tipo da flor Dobrada.
Cor Rosa-escura com listras brancas, rosa-clara ou carmim.
Altura 1,2 m.
Floração Verão.

'SOUVENIR DE LA MALMAISON'

Introduzida em 1843, esta rosa é vista como um arbusto compacto ou uma trepadeira de até 3 m. Floradas esparsas, repetidas quase sempre no outono, com um perfume penetrante. É resistente ao frio e a doenças.

Subgrupo Noisette.
Sinonímia Não há.
Tamanho da flor 10 cm.
Tipo da flor Bem-dobrada.
Cor Rosa-clara a branca.
Altura 3 m.
Floração Verão.

'HENRY NEVARD'

Introduzida em 1924, esta rosa caracteriza o desenvolvimento da híbrida-perpétua para a híbrida-de-chá moderna. A planta é arbustiva com folhas lustrosas, verde-escuras. É resistente a doenças e ao frio.

Subgrupo Híbrida-perpétua.
Sinonímia Não há.
Tamanho da flor 11,5 cm.
Tipo da flor Dobrada.
Cor Carmim-escura.
Altura 1,5 m.
Floração Verão e outono.

'ROGER LAMBELIN'

Esta notável rosa foi introduzida em 1890. As flores têm as pétalas com extremidades brancas, são perfumadas e a planta floresce novamente no outono, se cultivada de modo correto. Uma planta ereta com caules espinhosos e folhas verde-escuras, é propensa à doença conhecida como pinta preta. Resistente ao frio.

Subgrupo Híbrida-perpétua.
Sinonímia Não há.
Tamanho da flor 7 cm.
Tipo da flor Dobrada.
Cor Carmim com bordas brancas.
Altura 1,5 m.
Floração Verão e outono.

POLIANTAS

'ALCHYMIST'

Introduzida em 1956, esta rosa fica atraente apoiada a uma coluna ou treliça. Planta vigorosa, suas folhas novas são cor de bronze, ficam verde-escuras brilhantes quando crescem. É resistente a doenças e ao frio.

Sinonímia Não há.
Tamanho da flor 10 cm.
Tipo da flor Bem-dobrada.
Cor Tons de damasco.
Altura 2,5 m.
Floração Início do verão e alto verão.

'BONICA'

Uma rosa de arbusto introduzida em 1982, é bonita e cresce lentamente. Floresce quase continuamente, produzindo frutos laranja-vivos no final da estação. Tem o hábito de se espalhar e arquear e resiste ao frio e às doenças.

Sinonímia R. 'Meidomonac'.
Tamanho da flor 7,5 cm.
Tipo da flor Dobrada.
Cor Cor-de-rosa.
Altura 1 m.
Floração Contínua.

'BUFF BEAUTY'

Uma rosa-moscada híbrida introduzida em 1939, vigorosa e escandente. As flores têm uma fragrância deliciosa e as folhas tons bronze quando jovens. É resistente a doenças e ao frio.

Sinonímia Não há.
Tamanho da flor 7,5 cm.
Tipo da flor Dobrada.
Cor Damasco com amarelo e dourado mais claro nas bordas à medida que a flor desabrocha.
Altura 1,8 m.
Floração Ao longo do verão.

'CECILE BRUNNER'

Esta rosa, uma polianta introduzida em 1881, é notada por suas flores pequenas e perfeitas. Ligeiramente perfumadas, elas parecem miniaturas de rosas-chá. É resistente a doenças, mas não tolera o inverno.

Sinonímia R. 'Mignon'
Tamanho da flor 3 cm.
Tipo da flor Dobrada.
Cor Rosa-pálida, mais escura no centro.
Altura 1,2 m.
Floração Início do verão.

POLIANTAS

'GOLDBUSCH'

Esta moderna polianta foi introduzida em 1954. As flores dobradas e perfumadas são abertas em forma de taça e são recorrentes. As pétalas são amarelas, mais claras nas bordas. Tem o hábito de se espalhar, é perfeita para ser cultivada junto a um pilar.

Sinonímia Não há.
Tamanho da flor 7,5 cm.
Tipo da flor Dobrada.
Cor Amarela, mais clara nas bordas.
Altura 1,5 m.
Floração Ao longo do verão.

'GOLDEN WINGS'

Uma moderna e vigorosa polianta, introduzida em 1956, floresce precoce e continuamente durante o verão até o outono. Os frutos são laranja-avermelhados e muito atraentes. É resistente a doenças e suporta o frio com moderação.

Sinonímia Não há.
Tamanho da flor 13 cm.
Tipo da flor Singela.
Cor Amarela, estames dourados.
Altura 1,8 m.
Floração Durante o verão até o fim do outono.

'MRS. ANTHONY WATERER'

Uma rugosa-híbrida, introduzida em 1898, esta roseira se cobre de flores perfumadas no início do verão. A planta é arbustiva com hábito escandente, e as folhas parecem enrugadas. Melhor cultivá-la à parte devido à cor intensa.

Sinonímia Não há.
Tamanho da flor 9 cm.
Tipo da flor Semidobrada.
Cor Magenta-carmim.
Altura 1,5 m.
Floração Início do verão.

'PINK GROOTENDORST'

Introduzida em 1923, esta híbrida-rugosa é descendente da vermelha 'F. J. Grootendorst'. As pétalas são ligeiramente franjadas e as flores são recorrentes. É resistente ao frio e a doenças.

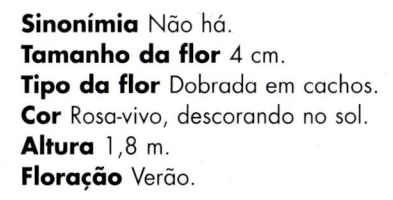

Sinonímia Não há.
Tamanho da flor 4 cm.
Tipo da flor Dobrada em cachos.
Cor Rosa-vivo, descorando no sol.
Altura 1,8 m.
Floração Verão.

POLIANTAS

HÍBRIDAS-DE-CHÁ

'AMERICAN HERITAGE'

Introduzida em 1965, a cor desta rosa depende do clima em que é cultivada. É um arbusto vigoroso com flores perfumadas e cresce melhor em áreas onde o verão é quente e seco, já que é suscetível ao míldio. É ligeiramente resistente, precisando de proteção.

Sinonímia Não há.
Tamanho da flor 15 cm.
Tipo da flor Dobrada.
Cor Amarela misturada ao creme e salmão-avermelhada.
Altura 1,8–2,4 m.
Floração Verão.

'BRANDY'

Introduzida em 1982, tem um agradável aroma de frutas. Ao contrário das híbridas-de-chá, ela se abre totalmente, revelando os estames amarelo-vivo. É arbusto vigoroso, suscetível às pintas pretas, mas resistente a outras doenças. Precisa de proteção no inverno.

Sinonímia Não há.
Tamanho da flor 11,5 cm.
Tipo da flor Dobrada.
Cor Tons de damasco.
Altura 1,5 m.
Floração Ao longo do verão.

'BROADWAY'

Introduzida em 1986, esta é uma rosa espetacular. As flores dobradas são uma mistura de amarelo com rosa-avermelhado e creme. As flores, perfumadas, têm o centro em forma de botão. Essa planta vigorosa floresce bem durante toda a estação, mas precisa de proteção no inverno.

Sinonímia Não há.
Tamanho da flor 13 cm.
Tipo da flor Dobrada.
Cor Amarela misturada a rosa-avermelhada e creme.
Altura 1,5 – 1,8 m.
Floração Verão.

'CHARLOTTE ARMSTRONG'

Introduzida em 1940, esta rosa é ancestral de muitas das plantas premiadas de hoje. As flores dobradas têm um aroma delicado e são recorrentes. Um arbusto vigoroso, compacto e que precisa de proteção no inverno em áreas frias.

Sinonímia Não há.
Tamanho da flor 11,5 cm.
Tipo da flor Dobrada.
Cor Rosa-escura.
Altura 1,2 – 1,5 m.
Floração Início do verão.

HÍBRIDAS-DE-CHÁ

HÍBRIDAS-DE-CHÁ

'CHICAGO PEACE'

Introduzida em 1962, ela é uma mutação da rosa 'Peace'. As flores dobradas deste arbusto vigoroso são levemente perfumadas. As folhas grandes são verde-escuras, rijas e lustrosas. É resistente a doenças e ao frio.

Nome popular Não há.
Tamanho da flor 14 cm.
Tipo da flor Dobrada.
Cor Rosa misturado a damasco e um amarelo forte na base.
Altura 1,3 — 1,6 m.
Floração Meados da estação.

'CHRISTIAN DIOR'

Introduzida em 1958, as flores dobradas concentram-se no alto, aparecem em meados da estação e são levemente perfumadas. As bordas das pétalas desbotam no sol direto, portanto devem ser plantadas onde possam ter sombra à tarde. É suscetível ao míldio e é delicada, precisando de proteção no inverno.

Nome popular Não há.
Tamanho da flor 11,5 cm.
Tipo da flor Dobrada e aveludada.
Cor Vermelho-média.
Altura 1,2 — 1,5 m.
Floração Meados da estação.

'CHRYSLER IMPERIAL'

Introduzida em 1952, esta rosa é conhecida por seu aroma penetrante muito forte. As flores dobradas têm uma forma clássica com o centro firme e se abrem totalmente. Esta roseira floresce profusa e repetidamente, mas é suscetível ao míldio e à ferrugem. Resiste ao inverno.

Sinonímia Não há.
Tamanho da flor 13 cm.
Tipo da flor Dobrada.
Cor Vermelho-escura.
Altura 1,5 m.
Floração Verão.

'DOUBLE DELIGHT'

Introduzida em 1977, esta rosa é notada pela mudança de cor e seu perfume intenso e penetrante. As flores são bicolores e duráveis quando cortadas. A roseira floresce profusamente durante o verão e o outono, mas é suscetível ao míldio em climas frios e úmidos.

Sinonímia Não há.
Tamanho da flor 14 cm.
Tipo da flor Dobrada.
Cor Branca-creme com bordas vermelhas, ficando vermelha com o tempo.
Altura 1,2 m.
Floração Contínua.

HÍBRIDAS-DE-CHÁ

HÍBRIDÁS-DE-CHÁ

'ECLIPSE'

Introduzida em 1935, esta rosa comemora o eclipse solar de 31 de agosto de 1932. Floresce profusamente no verão. Tem um aroma suave e é dobrada. Arbusto vigoroso e resistente a doenças, precisa de proteção no inverno.

Sinonímia Não há.
Tamanho da flor 10 cm.
Tipo da flor Dobrada.
Cor Amarelo-média.
Altura 1,2 m.
Floração Verão.

'ELECTRON'

Introduzida em 1970, esta roseira tem flores de um rosa muito intenso, de perfume forte e que floresce mais tarde que a maioria das híbridas. É planta vigorosa e arbustiva, e resistente a doenças e ao inverno.

Sinonímia R. 'Mullard Jubilee'.
Tamanho da flor 13 cm.
Tipo da flor Dobrada.
Cor Rosa-escura.
Altura 1 m.
Floração Final do verão.

'HONOUR'

Introduzida como premiada juntamente com a grandiflora 'Love' e a floribunda 'Cherish' em 1980. As flores aparecem isoladas ou em cachos neste arbusto vigoroso. É resistente a doenças, mas precisa de proteção no inverno em regiões frias.

Sinonímia Não há.
Tamanho da flor 13 cm.
Tipo da flor Dobrada.
Cor Branco-acetinada.
Altura 1,5 m.
Floração Contínua.

'GARDEN PARTY'

Introduzida em 1959, é resultado das rosas 'Charlotte Armstrong' e 'Peace'. Levemente perfumada e de floração profusa. A planta é suscetível ao míldio, mas resistente a outras doenças e ao frio.

Sinonímia Não há.
Tamanho da flor 15 cm.
Tipo da flor Dobrada.
Cor Branca com um toque de rosa nas bordas das pétalas.
Altura 1,8 m.
Floração Durante o verão.

HÍBRIDAS-DE-CHÁ

HÍBRIDAS-DE-CHÁ

'MISTER LINCOLN'

Introduzida em 1964, esta rosa é popular pela cor forte e aroma intenso. Floresce bem durante todo o verão e a cor não é alterada pelo tempo. É excelente como flor de corte e para exposições. Resistente a doenças e ao frio.

Sinonímia Não há.
Tamanho da flor 15 cm.
Tipo da flor Dobrada e aveludada.
Cor Vermelha-escura.
Altura 1,6 m.
Floração Contínua.

'PASCALI'

Introduzida em 1963, entre todas as híbridas-de-chá, esta é a melhor planta para canteiro. As flores são perfeitamente formadas. Quando há umidade, as pétalas podem ficar manchadas de rosa. É arbusto muito vigoroso, e é resistente a doenças e ao frio.

Sinonímia Não há.
Tamanho da flor 11,5 cm.
Tipo da flor Dobrada.
Cor Branca-creme.
Altura 1,2 m.
Floração Contínua.

'PEACE'

Introduzida em 1945, esta é a rosa mais apreciada no mundo. As flores são quase perfeitas, e levemente perfumadas. É considerada a melhor das híbridas-de-chá trepadeiras. É resistente a doenças e ao frio.

Sinonímias 'Madame Antoine Meilland', 'Gloria Dei', 'Gioia'.
Tamanho da flor 15 cm.
Tipo da flor Dobrada.
Cor Amarela misturada a rosa e creme.
Altura 1,8 m.
Floração Contínua.

'PINK PEACE'

Introduzida em 1959, esta não é uma variação da rosa 'Peace', mas descendente dela. Possui um aroma de chá antigo e floresce profusamente durante todo o verão. É suscetível à ferrugem e ao míldio, mas resistente ao frio.

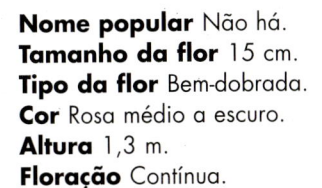

Nome popular Não há.
Tamanho da flor 15 cm.
Tipo da flor Bem-dobrada.
Cor Rosa médio a escuro.
Altura 1,3 m.
Floração Contínua.

HÍBRIDAS-DE-CHÁ

'TIFFANY'

Introduzida em 1955, esta roseira é muito popular. Floresce profusamente durante o verão, desenvolve-se melhor no sol do que na chuva. A deliciosa essência de rosas é a marca registrada desta planta. É excelente para corte, e é resistente a doenças e ao frio.

Sinonímia Não há.
Tamanho da flor 13 cm.
Tipo da flor Dobrada.
Cor Rosa misturada a dourado na base das pétalas.
Altura 1,3 m.
Floração Contínua.

'TROPICANA'

Introduzida na Europa em 1960 e nos Estados Unidos em 1962, esta é uma das rosas mais vendidas do século. Floresce abundantemente durante o verão. É ligeiramente suscetível ao míldio, mas resistente a outras doenças em geral e ao frio.

Nome popular 'Super Star'.
Tamanho da flor 13 cm.
Tipo da flor Dobrada.
Cor Laranja-coral.
Altura 80 cm.
Floração Contínua.

'VOODOO'

Introduzida em 1985, esta rosa parece ter uma cor neón-alaranjada de acordo com a luz. As flores desbotam à medida que envelhecem. É arbusto vigoroso, com aroma doce, resistente a doenças, mas que precisa de proteção no inverno.

Sinonímia Não há.
Tamanho da flor 15 cm.
Tipo da flor Dobrada.
Cor Laranja misturada a amarelo, pêssego e escarlate.
Altura 1,6 m.
Floração Verão.

'WHITE DELIGHT'

Introduzida em 1889, esta roseira floresce profusamente e é recorrente. É arbusto vigoroso, ereto, alto e possui folhas verde-escuras. É resistente a doenças e ao frio.

Sinonímia Não há.
Tamanho da flor 13 cm.
Tipo da flor Dobrada.
Cor Branco-marfim misturado a rosa-claro no centro.
Altura 1,5 m.
Floração Verão.

HÍBRIDAS-DE-CHÁ

'APRICOT NECTAR'

Introduzida em 1965, esta é uma roseira arbustiva vigorosa. As flores aparecem isoladas ou em cachos, florescendo profusamente a partir de meados do verão. O tom pastel desta rosa é único entre as floribundas. É resistente a doenças e ao frio.

Sinonímia Não há.
Tamanho da flor 11,5 cm.
Tipo da flor Dobrada e em cachos.
Cor Damasco-rosada e amarela na base.
Altura 1,2 m.
Floração Meados do verão.

'BAHIA'

Esta rosa, introduzida em 1974, é um arbusto ereto e vigoroso. Produz flores em pequenos cachos. Floresce profusamente, possui aroma penetrante e é resistente a doenças e ao frio.

Sinonímia Não há.
Tamanho da flor 10 cm.
Tipo da flor Dobrada.
Cor Tons laranja.
Altura 1 m.
Floração Contínua.

'CATHEDRAL'

Introduzida em 1975, esta rosa é considerada uma mistura de damasco; os botões são dessa cor, mas as flores são escarlate-salmão misturando-se ao damasco claro ou ao creme. É um arbusto, possui um aroma doce e é resistente a doenças e ao frio.

Sinonímia R. 'Coventry Cathedral'.
Tamanho da flor 9 cm.
Tipo da flor Dobrada.
Cor Mistura de damasco.
Altura 1,2 m.
Floração Meados do verão.

'CHARISMA'

Introduzida em 1977, cresce ereta e depois torna-se escandente. Floresce em meados do verão, repetindo bem a floração. As folhas são duras e verdes. É resistente a doenças e ao frio.

Sinonímia Não há.
Tamanho da flor 7,5 cm.
Tipo da flor Dobrada.
Cor Mistura de vermelho e amarelo, sendo o vermelho mais intenso com a idade.
Altura 1 m.
Floração Meados do verão.

FLORIBUNDAS

FLORIBUNDAS

'CHERISH'

Introduzida em 1980, as flores são duradouras quando cortadas. O perfume tem um incomum toque de canela. Floresce prolificamente durante todo o verão. A planta é vigorosa, resistente a doenças e ao frio.

Sinonímia R. 'Jacsal'.
Tamanho da flor 10 cm.
Tipo da flor Dobrada.
Cor Rosa-médio.
Altura 1,2 m.
Floração Início do verão.

'CLASS ACT'

Introduzida em 1989, esta rosa é fácil de cultivar. Uma planta vigorosa, forma um arbusto alto e possui folhas lustrosas verde-escuras. É resistente a doenças e ao frio.

Sinonímia R. 'First Class'.
Tamanho da flor 10 cm.
Tipo da flor Dobrada.
Cor Branca tingida de amarelo na base das pétalas.
Altura 1,2 m.
Floração Contínua.

'ESCAPADE'

Introduzida em 1967, esta roseira floresce com abundância e é recorrente. As flores têm 12 pétalas, mas parecem singelas. A fragrância é levemente almiscarada, mas agradável. É resistente a doenças e ao frio.

Sinonímia R. 'Harpade'.
Tamanho da flor 7,5 cm.
Tipo da flor Semidobrada.
Cor Malva-rosada com centro branco.
Altura 90 cm.
Floração Meados do verão.

'EUROPEANA'

Introduzida em 1963, esta excelente roseira apresenta uma boa florescência repetida. Os cachos de flores precisam de apoio para evitar que quebrem durante chuvas fortes. É predisposta ao míldio em algumas regiões, mas resistente ao frio.

Sinonímia Não há.
Tamanho da flor 7,5 cm.
Tipo da flor Semidobrada em grandes cachos.
Cor Vermelho-escura.
Altura 90 cm.
Floração Meados do verão.

FLORIBUNDAS

'FASHION'

Introduzida em 1948, esta roseira sempre foi popular. É uma planta vigorosa e foi uma das primeiras floribundas a ter o centro da flor em forma de botão, o que é típico da híbrida-de-chá.

Sinonímia Não há.
Tamanho da flor 9 cm.
Tipo da flor Dobrada, isolada ou em pequenos cachos.
Cor Mistura de pêssego.
Altura 1,3 m.
Floração Meados do verão.

'FIRST EDITION'

Introduzida em 1977, esta é uma roseira completa para paisagismo. Ela produz boas flores de corte e é um ótimo exemplar de exposição. É resistente a doenças, mas precisa de proteção no inverno em regiões frias.

Sinonímia Não há.
Tamanho da flor 7,5 cm.
Tipo da flor Dobrada, isolada e em cachos.
Cor Laranja misturado a amarela, coral, rosa e vermelha.
Altura 1,2 m.
Floração Meados do verão.

'GENE BOERNER'

Esta planta é alta para uma floribunda e recebeu o nome do autor das hibridações que desenvolveu esse tipo de rosa. Floresce profusamente repetindo a floração de modo exuberante. É resistente a doenças e ao frio.

Sinonímia Não há.
Tamanho da flor 9 cm.
Tipo da flor Dobrada, isolada ou em cachos em caules resistentes.
Cor Rosa.
Altura 1,5 m.
Floração Meados do verão.

'ICEBERG'

Introduzida em 1958, é uma roseira ideal para cercas. Floresce durante toda a estação. A planta é suscetível às pintas pretas, mas é muito resistente ao frio.

Sinonímias 'Schneewittchen', 'Fée des Neiges'.
Tamanho da flor 7,5 cm.
Tipo da flor Dobrada em cachos.
Cor Branca.
Altura 1,2 m.
Floração Verão.

FLORIBUNDAS

FLORIBUNDAS

'IMPATIENT'

Introduzida em 1984, a floração é típica de uma híbrida-de-chá. É arbusto ereto, vigoroso e as flores podem ser isoladas ou em cachos. É resistente a doenças e ao frio.

Sinonímia Não há.
Tamanho da flor 7,5 cm.
Tipo da flor Dobrada, isolada ou em pequenos cachos.
Cor Laranja-avermelhada.
Altura 1 m.
Floração Meados do verão.

'PLEASURE'

Introduzida em 1989, esta floribunda é vertical. Os botões abrem-se devagar para revelar flores ligeiramente encrespadas. É resistente a doenças e ao frio.

Sinonímia Não há.
Tamanho da flor 9 cm.
Tipo da flor Dobrada.
Cor Rosa-coral com amarelo na base das pétalas.
Altura 1 m.
Floração Contínua.

'REDGOLD'

Introduzida em 1966, esta roseira deve ser plantada em pleno sol para desenvolver sua coloração única. As flores têm um leve aroma de frutas. É um vigoroso arbusto vertical, resistente a doenças e ao frio.

Sinonímia 'Rouge et or'.
Tamanho da flor 7,5 cm.
Tipo da flor Dobrada, isolada ou em pequenos cachos.
Cor Amarela com bordas vermelhas.
Altura 1 m.
Floração Meados do verão.

'SARABANDE'

Introduzida em 1957, esta vistosa roseira é adaptável, mas se dá melhor em áreas de verões frios. A fragrância é leve, ligeiramente penetrante. É ideal para canteiros, resistente a doenças e ao inverno rigoroso.

Sinonímia Não há.
Tamanho da flor 6 cm.
Tipo da flor Semidobrada.
Cor Laranja-avermelhada viva.
Altura 75 cm.
Floração Meados do verão.

FLORIBUNDAS

'AQUARIUS'

Introduzida em 1971, esta rosa é muito duradoura quando colhida. As flores têm pétalas regulares e florescem durante toda a estação. É excepcionalmente resistente a doenças e suporta o frio.

Sinonímia Não há.
Tamanho da flor 11,5 cm.
Tipo da flor Dobrada.
Cor Vermelho-vivo com tonalidades creme.
Altura 1,5 m.
Floração Contínua.

'LOVE'

Foi introduzida em 1980, com 'Honour', um híbrido-de-chá, e 'Cherish', uma floribunda. As flores são notáveis com aroma penetrante. A planta floresce durante toda a estação. É resistente a doenças e ao frio.

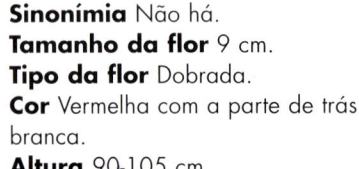

Sinonímia Não há.
Tamanho da flor 9 cm.
Tipo da flor Dobrada.
Cor Vermelha com a parte de trás branca.
Altura 90-105 cm.
Floração Contínua.

'NEW YEAR'

Introduzida em 1987, esta é uma planta de caules fortes. As flores são duradouras quando cortadas e aparecem durante toda a estação. A planta é vigorosa, compacta e densa. É resistente a doenças e ao frio.

Sinonímia Não há.
Tamanho da flor 9 cm.
Tipo da flor Dobrada.
Cor Tonalidades simples de laranja com pêssego e amarelo.
Altura 1 m.
Floração Verão a outono.

'PROMINENT'

Introduzida em 1971, esta é uma notável roseira para se ter no jardim. Quando a flor abre, as pétalas se curvam, mas a cor não desbota. As flores têm um leve aroma de frutas. É resistente a doenças e ao frio.

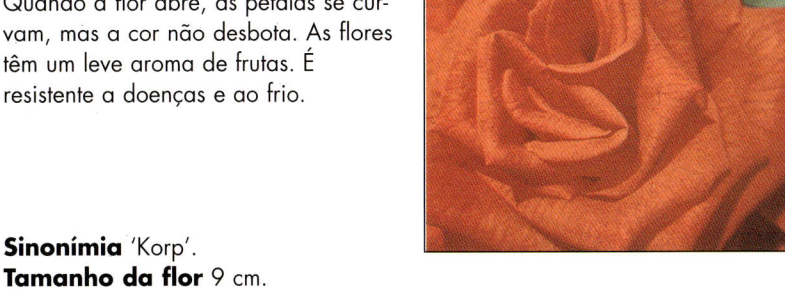

Sinonímia 'Korp'.
Tamanho da flor 9 cm.
Tipo da flor Dobrada.
Cor Laranja-avermelhada.
Altura 1-1,3 m.
Floração Contínua.

GRANDIFLORAS

'QUEEN ELIZABETH'

Esta grandiflora tem sido uma das rosas mais populares desde sua introdução em 1954. Floresce em abundância em meados do verão, repetindo bem a floração. É resistente a doenças e ao frio.

Sinonímia Não há.
Tamanho da flor 10 cm.
Tipo da flor Dobrada.
Cor Rosa-médio.
Altura 1,5 — 2,1 m.
Floração Meados do verão.

'SHINING HOUR'

Introduzida em 1991, esta roseira produz muitas flores. Floresce em meados da estação e repete bem a floração. Um arbusto vigoroso com folhas lustrosas. É resistente a doenças e ao frio.

Sinonímia: Não há
Tamanho da flor 13 cm.
Tipo da flor Dobrada.
Cor Amarelo-vivo.
Altura 1,3 m.
Floração Meados do verão.

'TOURNAMENT OF ROSES'

Introduzida em 1989, esta roseira recebeu o nome da parada do Torneio Anual das Rosas, realizada no dia de Ano-novo em Pasadena, Califórnia. Quando as pétalas se abrem, a cor fica mais clara, dando um efeito bicolor às flores maduras. É resistente a doenças e ao frio.

Sinonímia R. 'Berkeley', R. 'Poesie'.
Tamanho da flor 9 cm.
Tipo da flor Dobrada.
Cor Rosa-coral.
Altura 1,5 m.
Floração Contínua.

'WHITE LIGHTNIN'

Introduzida em 1980, esta grandiflora tem um forte aroma cítrico. As flores são brancas com bordas rosa e pétalas recortadas. É arbusto vigoroso e resistente a doenças e ao frio.

Nome popular Não há.
Tamanho da flor 10 cm.
Tipo da flor Dobrada.
Cor Branca com bordas rosa.
Altura 1,3 m.
Floração Contínua.

GRANDIFLORAS

'AMERICA'

Uma grande trepadeira florida, introduzida em 1976, é ereta e vigorosa. As flores têm pétalas uniformes e miolo firme, e florescem repetidas vezes. É resistente a doenças e ao frio.

Nome popular Não há.
Tamanho da flor 11,5 cm.
Tipo da flor Dobrada.
Cor Salmão-coral.
Altura 2,7—3,6 m.
Floração Meados do verão.

'DOROTHY PERKINS'

Introduzida em 1901, esta trepadeira foi tão popular que alguns acharam que era plantada em excesso. É suscetível ao míldio e não deve ser plantada junto a muros. Resiste ao frio.

Nome popular Não há.
Tamanho da flor 2 cm.
Tipo da flor Semidobrada/dobrada, em cachos.
Cor Rosa-vivo com leve tom azulado.
Altura 3—3,6 m.
Floração Final do verão.

'GOLDEN SHOWERS'

Uma grande trepadeira florífera premiada, introduzida em 1956. Produz flores em abundância, achatadas, ao longo de toda a estação. É resistente a doenças e suporta o inverno, mas não em regiões muito frias.

Nome popular Não há.
Tamanho da flor 10 cm.
Tipo da flor Dobrada.
Cor Amarelo-ouro passando a creme quando madura.
Altura 1,8–3 m.
Floração Contínua.

'HANDEL'

Esta grande trepadeira florida, introduzida em 1965, é levemente perfumada e floresce esporadicamente. As folhas são verde-escuras com tons de cobre e os caules são espinhosos. É suscetível ao míldio, mas resiste ao frio.

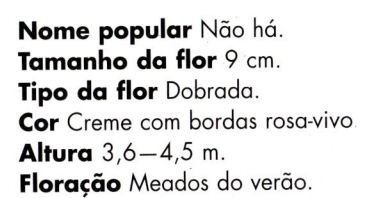

Nome popular Não há.
Tamanho da flor 9 cm.
Tipo da flor Dobrada.
Cor Creme com bordas rosa-vivo
Altura 3,6–4,5 m.
Floração Meados do verão.

'JEANNE LAJOIE'

Trepadeira miniatura introduzida em 1975, esta rosa tem pétalas que parecem ter nervuras de um rosa um pouco mais claro. Podar apenas para remover caules mortos ou improdutivos. É resistente a doenças, mas precisa de proteção no inverno.

Sinonímia Não há.
Tamanho da flor 4 cm.
Tipo da flor Dobrada.
Cor Rosa-claro.
Altura 1,2 m.
Floração Verão.

'MARGOT KOSTER'

Uma variação em forma de trepadeira da polianta 'Margot Koster", introduzida em 1935, esta roseira muitas vezes é enxertada como sendo a melhor variedade para formar uma trepadeira em cascata. A trepadeira precisa de proteção em áreas mais frias, mas é resistente a doenças.

Sinonímia Não há.
Tamanho da flor 4 cm.
Tipo da flor Semidobrada.
Cor Coral a laranja com tonalidades amarela-clara e branca.
Altura 3 m.
Floração Verão/outono.

'NYMPHENBURG'

Uma roseira para colunas introduzida em 1954, é arbusto vigoroso com floradas esparsas. Fica alta e produz muitos ramos, é resistente a doenças, mas não tolera muito bem o frio.

Sinonímia Não há.
Tamanho da flor 10 cm.
Tipo de flor Semidobrada.
Cor Rosa-salmão, ligeiramente amarela na base das pétalas.
Altura 2,4m.
Floração Verão.

'RAYMOND CHENAULT'

Uma trepadeira híbrida do tipo *kordesii*, esta roseira é muito vigorosa. Floresce esporadicamente em cachos. A folhagem é lustrosa e verde-escura. É resistente a doenças e suporta moderadamente o inverno.

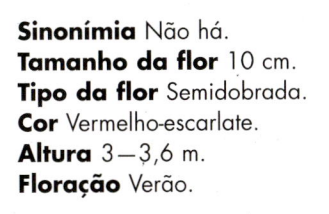

Sinonímia Não há.
Tamanho da flor 10 cm.
Tipo da flor Semidobrada.
Cor Vermelho-escarlate.
Altura 3 — 3,6 m.
Floração Verão.

TREPADEIRAS

'CHIPPER'

Introduzida em 1966, esta roseira tem sido popular há 25 anos. É capaz de repetir a floração. Tem uma leve fragrância. É resistente a doenças e ao frio.

Sinonímia Não há.
Tamanho da flor 3 cm.
Tipo da flor Dobrada.
Cor Rosa-salmão.
Altura 25—36 cm.
Floração Verão.

'DEBUT'

Introduzida em 1989, esta é uma minirroseira muito bonita. As flores, quando abrem, mudam de cor gradativamente, tornando-se mais escuras. É resistente a doenças e ao frio. Forma lindas bordas ou cercas baixas.

Sinonímia Não há.
Tamanho da flor 4 cm.
Tipo da flor Dobrada.
Cor Vermelho-carmim com tonalidade branca-creme na base das pétalas.
Altura 38 cm.
Floração Verão.

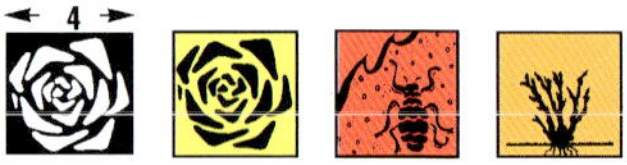

'JEAN KENNEALLY'

Esta miniatura foi introduzida em 1984. Tem a forma clássica da híbrida-de-chá e floresce com abundância. É arbustiva, resistente a doenças e ao frio.

Sinonímia Não há.
Tamanho da flor 4 cm.
Tipo da flor Dobrada.
Cor Mistura de damasco.
Altura 25—36 cm.
Floração Verão.

'MAGIC CAROUSEL'

Introduzida em 1972, esta minirrosa chama a atenção. As flores são dobradas e em forma de roseta, florescendo esporadicamente. A fragrância lembra violetas. É resistente a doenças e ao frio.

Sinonímia Não há.
Tamanho da flor 5 cm.
Tipo da flor Semidobrada.
Cor Branca com bordas rosa-avermelhadas.
Altura 38—45 cm.
Floração Verão.

MINIATURAS

'OVER THE RAINBOW'

Esta minirrosa é bicolor e foi introduzida em 1972. Nas pétalas afiladas, predomina na parte superior o tom vermelho e na parte inferior o amarelo.

Sinonímia Não há.
Tamanho da flor 4 cm.
Tipo da flor Dobrada.
Cor Vermelho-cereja com tons amarelo.
Altura 36 cm.
Floração Contínua a partir de meados do verão.

'RAINBOW'S END'

Introduzida em 1984, esta é uma planta versátil para ambientes internos e externos. As flores são levemente perfumadas e as floradas se repetem. É resistente a doenças e ao frio.

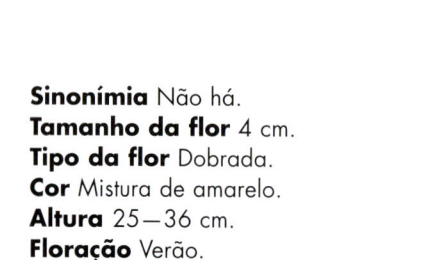

Sinonímia Não há.
Tamanho da flor 4 cm.
Tipo da flor Dobrada.
Cor Mistura de amarelo.
Altura 25—36 cm.
Floração Verão.

MINIATURAS

'RISE 'N' SHINE'

Introduzida em 1977, esta é uma das melhores roseiras miniaturas de flor amarela. As floradas se repetem e o perfume é suave. É um arbusto ereto, resistente a doenças e ao frio.

Sinonímia R 'Golden Sunblaze'.
Tamanho da flor 4 cm.
Tipo da flor Dobrada.
Cor Amarelo-vivo.
Altura 25—36 cm.
Floração Verão.

'YELLOW DOLL'

Introduzida em 1962, esta é uma roseira notável com flores relativamente grandes. É um arbusto compacto que floresce abundantemente. Também existe sob forma de trepadeira. É resistente a doenças e ao frio.

Sinonímia Não há.
Tamanho da flor 4 cm.
Tipo da flor Dobrada.
Cor Amarelo-clara.
Altura 1,5 m.
Floração Verão.

MINIATURAS

Índice remissivo

Alba 24
'Alchymist' 30
'America' 56
'American Heritage' 34
Apothecary's Rose 22
Apple Rose 20
'Apricot Nectar' 44
'Aquarius' 52

'Bahia' 44
'Bonica' 30
'Brandy' 34
'Broadway' 35
'Buff Beauty' 31

'Cathedral' 45
'Catherine Mermet' 27
'Cecile Brunner' 31
'Charisma' 45
'Charlotte Armstrong' 35
'Cherish' 46
'Chicago Peace' 36
'Chipper' 60
'Class Act' 46
'Christian Dior' 36
'Chrysler Imperial'37
'Commandant Beaurepaire' 28
Communis 25

'Debut' 60
'Dorothy Perkins' 56
'Double Delight' 37

'Eclipse' 38
'Electron' 38
'Escapade' 47
'Europeana' 47

'Fashion' 48
'Felicite Parmentier' 25
'First Edition' 48

'Garden Party' 39
'Gene Boerner' 49

'Golden Showers' 57
'Golden Wings' 32

'Handel' 57
'Henry Nevard' 29
'Honour' 39

'Iceberg'49
'Impatient' 50

'Jean Kenneally' 61
'Jeanne Lajoie' 58

'Love' 52

'Magic Carousel' 61
'Margot Koster' 58
'Mister Lincoln' 40
'Mrs. Anthony Waterer' 33

'New Year' 53
'Nymphenburg' 59

'Over the Rainbow' 62

'Pascali' 40
'Peace' 41
'Pink Grootendorst' 33
'Pink Leda' 24
'Pink Peace' 41
'Pleasure' 50
'Prominent' 53

'Queen Elizabeth' 54

'Rainbow's End' 62
'Raymond Chenault' 59
'Redgold' 51
'Rise'n'Shine' 63
'Roger Lambelin' 29

Rosa x alba 24
Rosa x banksiae 18
Rosa centifolia cristata 26
Rosa c. muscosa 25
Rosa chinensis viridiflora 18
Rosa damascena
  semperflorens 23
Rosa d. versicolor 23
Rosa eglanteria 19
Rosa gallica officinalis 22
Rosa multiflora 19
Rosa pomifera 20
Rosa rugosa 20
Rosa sericea pteracantha 21
Rosa spinosissima 21

'Sarabande' 51
'Shining Hour' 54
'Souvenir de la Malmaison' 28

'Tiffany '42
'Tournament of Roses' 55
'Tropicana' 42
'Tuscany Superb' 22

'Vierge de Clery' 27
'Voodoo' 43

'White Delight' 43
'White Lightnin' 55
'William Lobb' 26

'Yellow Doll' 63